KB200486

몽땅 드림

주님의 꿈이 내 꿈이 되기 위한 고백

몽땅 드림

글·그림 굿시아

규장

PART 1

언제나 너를 향한
나의 꿈이 있음을 기억하렴

능력이 되시는 예수님 13 예수님의 꿈 18 세상이 감당할 수 없는 사람 23 약함을 강함이 되게 하시는 예수님 29 예수님을 주는 삶 35 수렁에서 건져주시는 예수님 40 예수님을 전하는 자 1 45 예수님을 전하는 자 2 50 빛이신 예수님 57 예수님을 말하는 자 62 흔적이 되게 하시는 예수님 67 아물게 하시는 예수님 72 죄 가운데 함께하시는 예수님 78 예수님의 옷 83 낮은 자의 예수님 88 예수님으로 충만한 삶 93

PART 2

네가 살아가야 할
진짜 이유는 바로 나란다

예수님의 생명의 줄 101 예수님께 붙어 있는 삶 106 예수님을 구하는 기도 111 예수님을 믿는 이유 116 피난처이신 예수님 121 선택의 기준이 되시는 예수님 127 인도하시는 예수님 132 예수님의 뜻 137 승리자이신 예수님 142 예수님의 시험 148 걸림돌이 되시는 예수님 153 심령이 가난한 자 160 알곡 되게 하시는 예수님 167

PART 3

네 안에
언제나 내가 있단다

예수님으로부터 오는 자존감 175 사랑의 주체이신 예수님 180 예수님만으로 만족한 삶 185 예수님의 공감 191 믿음의 주체이신 예수님 197 예수님을 잃어버리는 두려움 202 예수님의 얼굴 207 시간의 주관자이신 예수님 212 예수님의 기다림 217 애통하는 자 222 예수님은 나의 배필 228 진정한 보물이신 예수님 237 영생이신 예수님 242

프롤로그

주님께 몽땅 드릴 수 있을까?

나의 꿈, 나의 달란트, 나의 시간, 나의 물질, 나의 헌신…
내 것을 드린다고 생각하니 때론 부담스럽고 아까웠다.
주어진 현실에 타협하며 할 수 있는 만큼만 예수님께 드렸다.

한 번도 예수님께 내 삶을 몽땅 걸어본 적이 없는 내가
어쩌다 <몽땅 드림>이라는 캐릭터를 그리고
예수님에 대한 이야기를 쓰게 되었는지 모르겠다.

하지만 그때마다 진심으로 나오는 고백은
"진짜 예수님이 몽땅하셨어!"였다.

<몽땅 드림>을 쓰고 그리며 주님께 나를 몽땅 드렸더니
오히려 채워주시고 인도해주시는 예수님을 알게 되었다.
되돌아보니 지금까지 내가 주님께 드린 게 아니라
드릴 수 있는 환경도, 드릴 마음도 예수님께서 주신 것이었다.

예수님이 하나님의 뜻대로 자신을 아버지께 드리셨듯이
우리의 삶을 예수님께 몽땅 드려보는 건 어떨까?
예수님에 의해 살아가고 예수님의 꿈을 품기 시작할 때,
우리의 삶은 180도 달라질 것이다!

예수님께 몽땅 드립니다!!!

모든 것이 주께로 말미암았사오니
우리가 주의 손에서 받은 것으로
주께 드렸을 뿐이니이다

대상 29:14

캐릭터 소개

예수님을 꿈꾸는 몽이. 한없이 부족하고 연약하지만 하나님의 부르심을 깨달아 그 부르심의 뜻대로 예수님을 전하고 나타내며 살아가고자 한다. 따뜻하고 긍정적이나 감정 기복이 심하고 예민하다.

몽이의 짝꿍, 땅이. 예수님을 알게 된 이후, 점차 자신이 이 땅에 살아갈 진정한 목적과 이유가 무엇인지 해답을 찾아가고 있다. 이성적이고 논리적이며 현실적인 성격으로 몽이가 생각지 못한 사실을 깨닫게 해줄 때가 많다.

몽이의 영적 멘토, 브라우니와 티라미슈. 서로 다른 듯 닮은 이들은 하나님이 짝지어주신 부부이다. 몽이가 성장해가는 모습을 곁에서 지켜보며 때론 권면을 해주기도 한다.

몽이의 절친, 크리스탈. 때로는 친구처럼, 때로는 엄마처럼 몽이의 이야기를 잘 들어주고 품어준다. 걸크러쉬 교회 맏언니 스타일로 보여지나 사실 유리 멘탈의 소유자로 자존감이 낮고 상처도 잘 받는다.

망토(예수님) 없이 날지 못하는 새, 드림이. 소심하고 겁 많은 성격 탓에 늘 걱정과 고민이 많다. 하지만 망토를 다는 순간 언제 그랬냐는 듯이 담대한 모습으로 예수님의 능력을 나타낸다.

매사에 통통 뛰는 애벌레, 여피. 의욕이 넘치는 성격 탓에 오버와 실수가 많지만 하나님의 일이라면 무엇이든 즉각 순종하는 믿음을 가지고 있다. 미워하려고 해도 미워할 수 없는 사고뭉치 악동이다.

PART 1

언제나 너를 향한
나의 꿈이 있음을
기억하렴

많은 사람들 속에 숨어 있던 나를
예수님은 그 사랑으로 찾아내시고
나만이 할 수 있는 주님의 비전을 내게 맡기실 거야.

♥ 능력이 되시는 예수님 ♥

몽이야 미안해;;;
조금만 기다려줘~ 빨리 갈게.

흠… 땅이 올 때까지
뭐 하지?

으아닛?! 이거슨?!!
요즘 핫한 웹툰 〈몽땅 드림〉
최신화잖아? 이번 화는
무슨 이야기지?

기드온 이야기네~

이스라엘은 미디안 족속에게 7년 동안 고통받고 있었어.
그때 하나님은 미디안 사람 몰래 밀을 타작하던 기드온에게 나타나셨지.

큰 용사여 내가 너를
보낸 것이 아니냐.

엥? 나 같은 사람이요?! 내 집은 약하고
나는 내 집에서 가장 작은 자예요.

'내가 반드시 너와 함께 하리라.'

전쟁에 나갈 사람들이 만 2천 명?
미디안에 비하면 너무 적은 숫자야.

15

'너를 따르는 백성이 너무 많은즉…
두려워 떠는 자는 돌아가라 하라.'

헐, 이게 많다고?

뱌이~

"백성이 아직도 많으니 그들을 인도하여
물가로 가라. 거기서 그들을 시험하리라."

"내가 물을 서서 핥아먹은 삼백 명으로 너희를 구원하리라."

아니 하나님! 명령하셨으면 능력을 주셔야죠!
이 군사력으로 어떻게 승리합니까?

기드온 마음 공감 꾹~
얼마나 답답했겠어…
전쟁은 나가야 하고.

좋아요 ♥ 눌러야줘

그래도 하나님이 완전
스파르타 정예부대로만 쏙쏙
뽑아주셨겠지. 아님 최고의
무기라도 주셨든가!
어디 보자~

어쩌면 꼭 나처럼 평범하고 부족한 사람들 300명,
그들의 삶 가까운 곳에 있었을 항아리와 횃불 그리고 나팔

항아리를 부수고

횃불을 들고

나팔을 불 때

여호와께서 적군 진영에서
친구끼리 칼로 치게 하셨다!

하나님… 제가 또 착각했네요.

예수님은 제가 연약하고 부족하기 때문에
많은 사람 중에 저를 선택하셨죠.

제가 할 수 있는 일이 적음에
낙심하기보다 오히려 예수님이 하실 수
있는 일이 많음에 감사해요

하나님께서 세상의 미련한 것들을 택하사
지혜 있는 자들을 부끄럽게 하려 하시고
세상의 약한 것들을 택하사 강한 것들을
부끄럽게 하려 하시며 고전 1:27

♥ 예수님의 꿈 ♥

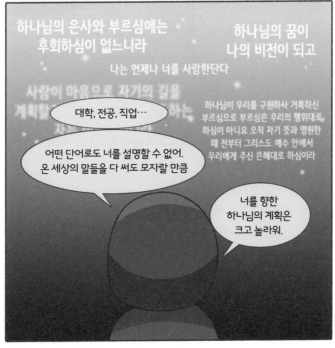

우리 주 예수 그리스도의 하나님, 영광의 아버지께서
지혜와 계시의 영을 너희에게 주사 하나님을 알게 하시고
너희 마음의 눈을 밝히사 그의 부르심의 소망이 무엇이며

엡 1:17,18

내게 주어진 일을 행하고 지키면서
나름 믿음이 생긴 줄 알았어.

사자나 곰과 같은 문제가
내 믿음을 빼앗으려 할 때도
맞서 싸우려고 노력했거든.

기도
눈물 인내

사자, 곰 너넨 끝났다~

하나님이 나와 함께 하시니
뭐든지 할 수 있을 거야!

크고 작은 문제를 이겨내며
할 수 있다는 확신이 생겼지.

바로 그때 생각지 못한 일이 터진 거야.
이전에는 겪어보지 못한 새로운 문제!

움찔

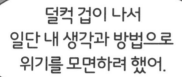

♥ 약함을 강함이 되게 하시는 예수님 ♥

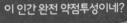

약점이 하나도 없었으면 좋겠다.
쉽게 유혹에 넘어가고
맨날 무너져버리잖아…

다혈질

우유부단   돈

약점을 고치고 힘을 키워야
사탄이 날 깔보지 않지.

나도 사도 바울처럼
스펙 강한 크리스천으로
살고 싶다!

사도 바울은 최고 학문을 배우고
로마 시민권도 가졌었잖아.
게다가 그의 손수건만 만져도
병이 낫는 능력의 소유자였지.
참 대단해~

어휴, 부럽다 부러워.

맞아. 나는 능력 없는 약점투성이야.
하지만 내가 잘났다고 생각할 때는 예수님을 별로 찾지 않았어.
오히려 약점 때문에 너무 속상할 때 울면서 예수님께 따져 물었지.
그 약점이 나로 하여금 예수님을 찾게 해.
그러면서 내가 점점 예수님 때문에 변화되어가고 있어.

사탄은 약점으로 우리를 넘어뜨리려고 하지만
예수님은 그 약점으로 주님을 찾게 하시지.

이 모든 사실을 깨달은
사도 바울은 이렇게 고백했대.

그러므로 도리어 크게 기뻐함으로
나의 여러 약한 것들에 대하여
자랑하리니 이는 그리스도의 능력이
내게 머물게 하려 함이라

고후 12:9

♥ 예수님을 주는 삶 ♥

나의 선한 행실로 구원받는 것이 아니라
예수님으로 구원받는 거야.
예수님이 내 안에 진짜 계신다면
우리는 이 땅에서 선하게 살아갈 수밖에 없겠지?

우리의 진정한 도움은 은과 금을 주는 것보다
내 안에 계신 예수님을 전해주는 거야.

♥ 수렁에서 건져주시는 예수님 ♥

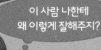

모든 일이 술술 잘 풀릴 줄 알았겠지만
현실을 인정하고 받아들였으면 좋겠어.
지금 네 모습을 봐.
정말 예수님이 원하시는 모습이라고
생각하니?!
가정 파탄
자유 박탈
마음 상처
재산 탕진
학업 중단
네 삶의 곳곳이 뜯겨있잖아!!
진짜 구원과 천국을 알고 예수님을
만날 수 있는 기회조차
얼마 안 남았다고!!!

예수께서 대답하여 이르시되 심은 것마다 내 하늘 아버지께서 심으시지 않은 것은 뽑힐 것이니 그냥 두라 그들은 맹인이 되어 맹인을 인도하는 자로다 만일 맹인이 맹인을 인도하면 둘이 다 구덩이에 빠지리라 하시니 마 15:13,14

♥ 예수님을 전하는 자 1 ♥

그렇게 사람과 상황을 구분하며
예수님에 대해 말하다 보니 점점 이중적인 사람이 되는 것 같아.

헐! 너 교회 다녀?
완전 대반전~

날마다 예수님을
전하며 삽시다!

세상 신앙

넌 나한테 예수 믿으라고
안 해서 너무 좋아.

아멘! 영혼 구원에
힘쓰는 우리가 됩시다!

예수님을 전하기는커녕
전할 자신도 없어….

너 아까부터
무슨 생각을 그렇게 해?

땅이야,너도 내가 교회 다니라고
말하면 부담스러워?

음… 솔직히 부담스럽지.
근데 넌 어떻게
예수님을 믿게 된 거야?

나…?!

♥ 예수님을 전하는 자 2 ♥

때론 그런 네 모습을 보고 나도 교회에 가볼까 싶었어.

하지만 막상 교회에 가려니까 망설여지더라.

그래도 일단 교회에 가보자고 나섰지만
내가 생각했던 교회의 모습과 좀 달랐어.

예수님의 노크에 반응을 보이는 사람이 있고
보이지 않는 사람도 있어.

물론 억지로 열 수도 있겠지만
예수님은 네가 문을 열어줄 때까지 사랑으로 노크하고 계셔.

하나님이 모든 것을 지으시되 때를 따라 아름답게 하셨고
또 사람들에게는 영원을 사모하는 마음을 주셨느니라
그러나 하나님이 하시는 일의 시종을
사람으로 측량할 수 없게 하셨도다

전 3:11

망망한 바다에

홀로 이 길을 가는 것 같아도

주님이 항상 네 곁에 있어

♥ 빛이신 예수님 ♥

그런 이 세상에 자신의 빛을 감추고 우리에게 그 빛을 선물해주신 분이 계시지.

바로 예수님이야!

예수님은 왜 빛을 감추신 거야? 오히려 나타내야 하는 거 아니야?!

예수님이 빛으로 오신다면 어둠 속에 있는 인간들이 두려워서 주님께 갈 수 있을까? 그래서 예수님은 빛 대신 인간의 모습으로 오셔서 죄인들을 사랑으로 변화시켜주셨어.

예수님 때문에 참 빛이 된 거야.

흠… 그리고 보니 달도 스스로 빛을 내는 게 아니라 태양의 빛을 반사하잖아.

맞아. 네 인생에도 태양처럼
널 비춰주는 분이 계셔.

다른 건 몰라도 이거 하나는
꼭 기억해줬으면 좋겠어.
넌 다른 것으로 빛나는 존재가 아니라
네 안의 것으로 빛나는 존재야.
그리고 그 빛은 점점 커질 거야.

♥ 예수님을 말하는 자 ♥

**살리는 것은 영이니 육은 무익하니라
내가 너희에게 이른 말은 영이요 생명이라** 요 6:63

♥ 흔적이 되게 하시는 예수님 ♥

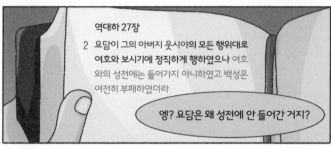

69

웃시야

웃시야 왕은 정직한 왕으로 하나님의 복을 받았습니다. 그러나 그는 교만하여져서 제사장이 드려야 할 분향을 제사장의 만류에도 화를 내며 자신이 드리려 했습니다. 이때 하나님은 웃시야의 이마를 나병으로 치셨고 제사장들은 성전을 더럽히지 않기 위해 웃시야를 성전 밖으로 끌고 나갔습니다. 그 후 웃시야는 평생 여호와의 전에 들어가지 못하고, 별궁에서 비참한 인생을 보냈습니다.

아! 그래서 요담이 성전에 가지 않았나 봐!!!

요담은 그의 아버지를 보며 상처와 트라우마가 생겼어. 그는 하나님을 무서운 분으로 생각하며 정직히 행했지만, 자기도 아버지처럼 나병에 걸릴까 봐 성전에 찾아가지 못했지. 왕이 예배하는 모습을 보여주지 않았기 때문에 백성들도 성전에 가지 않았던 거야.

하나님은 무서운 분이야. 성전에 가면 나도 나병에 걸릴지 몰라.

왕도 성전에 안 가는데 우리가 갈 필요 있겠어~?

바알 산당에 가면 모든 일이 잘 풀린대!

우리는 살면서 누군가에게
상처를 받기도 하고 상처를 주기도 해.
상처를 줄 때 우리의 죄성을 보게 되고
상처를 받을 때 우리의 약한 마음을 알게 돼.

상처는 예수님을 찾는 길이 되고
나의 마음 근육을
단단하게 하는 약이 될 수 있어

당신의 상처가
그저 상처만이 아닌
예수님의 흔적이 되길
기도합니다.

♥ 아물게 하시는 예수님 ♥

다 비워내지 않은 고인 물에

아무리 깨끗한 물을 더해도
그건 더러운 물일뿐이야

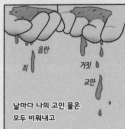

죄　음란　거짓　교만

날마다 나의 고인 물은
모두 비워내고

주님의 새로운 은혜로 나를 채울래 ♥

♥ 죄 가운데 함께하시는 예수님 ♥

예수님은 우리가 죄인임을 고백하고
예수님이 필요하다고 고백하길 원하셔.
이것이 예수님이 죄인을 찾으셨던 이유고
죄가 은혜라고 말씀하신 이유야.

가장 큰 죄는 내 안에 계신 예수님을 인정하지 않는 거야(요 16:9).
예수님에게서 멀어지는 것만큼 큰 죄악은 없어. 그리고…

사실 죄악으로 우리의 영혼이 메말라갈 때
나의 곁에 아무도 없다고 생각하지만 여전히 예수님은
나를 묵묵히 바라보시고 주님을 찾도록 기도하고 계셔.

♥ 예수님의 옷 ♥

예수님 믿는 사람은 '새사람'을 입었다고 말씀하셨는데 예수님이 주신
새사람의 옷은 불편하고 어색해서 결국 익숙한 옷을 다시 꺼내 입게 돼.

세상 속에서 이전과 다를 바 없이 살수록 나의 옷은 더러워졌어.

에베소서 2장 말씀이잖아?

에베소서 2장

1 그는 허물과 죄로 죽었던 너희를 살리 셨도다 2 그때에 너희는 그 가운데서 행 하여 이 세상 풍조를 따르고 공중의 권세 잡은 자를 따랐으니 곧 지금 불순종의 아 들들 가운데서 역사하는 영이라 3 전에 는 우리도 다 그 가운데서 우리 육체의 욕 심을 따라 지내며 육체와 마음의 원하는 것을 하여 다른 이들과 같이 본질상 진노 의 자녀이었더니 4 긍휼이 풍성하신 하나 님이 우리를 사랑하신 그 큰 사랑을 인하 여 5 허물로 죽은 우리를 그리스도와 함 께 살리셨고 (너희는 은혜로 구원을 받은 것이라)

그래! 나의 행위로 옛사람의 옷을 씻을 수 있는 것이 아니라

주님의 은혜로 옛사람을 벗고 새사람을 입을 수 있는 거야.

몸에 밴 옛사람의 삶이 편할진 몰라도
주님이 주시는 새로운 삶은
이전보다 비교할 수 없이 좋을 거야!

새사람을 입었으니 이는 자기를
창조하신 이의 형상을 따라 지식에까지
새롭게 하심을 입은 자니라 골 3:10

우리는 예수님의 옷을 입은
하나님의 자녀♥

♥ 낮은 자의 예수님 ♥

으… 생각할수록 자존심 상해.

왜 무슨 일인데?

아는 동생이 자꾸
명령조로 귀찮은 일을 시키잖아~
그것도 사람들이 보는 데서.
다들 날 뭐라고 생각하겠어?
진짜 가만 안 둬!!

퍽! 아야.

그래서 자존심이 이렇게 박살 났어?
자존심이 밥 먹여주니? 그냥 잊어버려~

계란추가

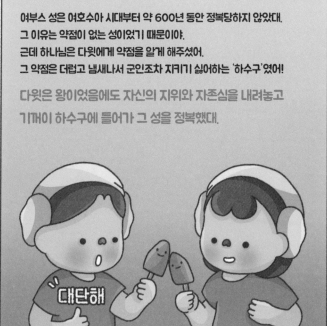

여부스 성은 여호수아 시대부터 약 600년 동안 정복당하지 않았대.
그 이유는 약점이 없는 성이었기 때문이야.
근데 하나님은 다윗에게 약점을 알게 해주셨어.
그 약점은 더럽고 냄새나서 군인조차 지키기 싫어하는 '하수구'였어!

다윗은 왕이었음에도 자신의 지위와 자존심을 내려놓고
기꺼이 하수구에 들어가 그 성을 정복했대.

예수님도 우리를 천국으로 인도하기 위해
하수구와 같이 더럽고 추악한 이 땅에 오셨어.

예수님은 '자신을 부인하고 나를 따르라'라고 말씀하셨지.
자신을 부인한다는 것은 무엇일까?
우리가 진정으로 주님을 따르지 못하는 이유는 무엇일까?
우리가 다른 사람을 사랑하고 용서하지 못하는 이유는 무엇일까?

자.존.심

♥ 예수님으로 충만한 삶 ♥

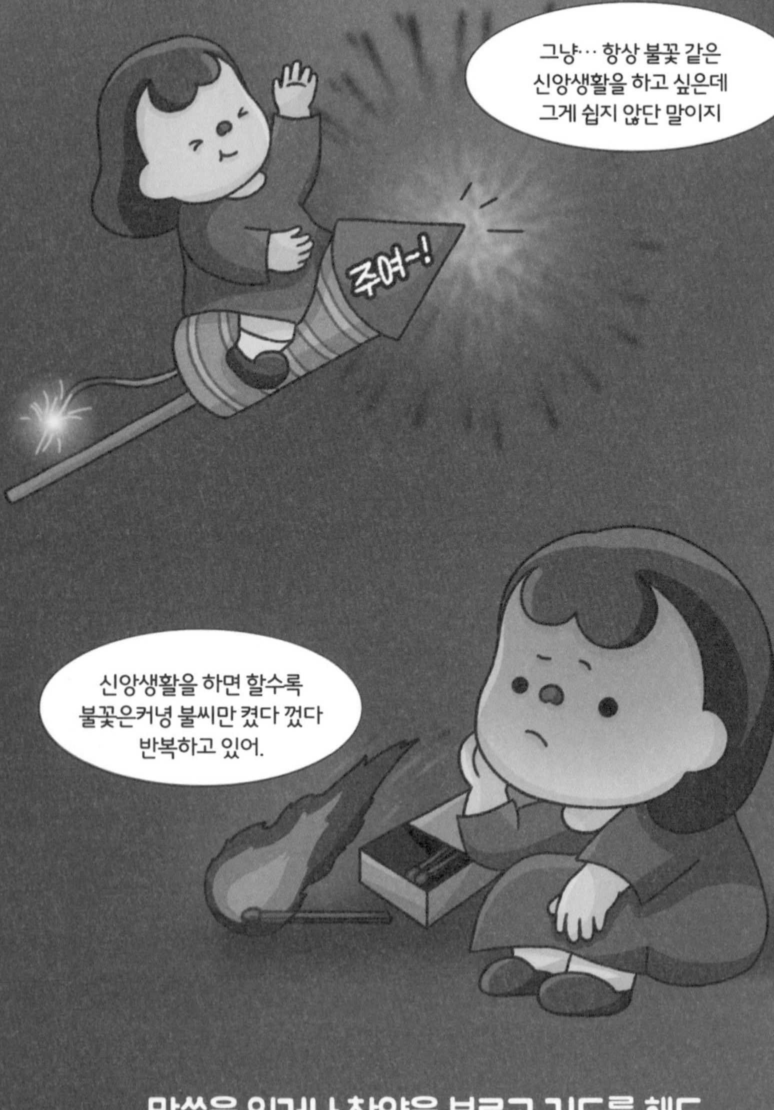

말씀을 읽거나 찬양을 부르고 기도를 해도
마음이 꽉 막혀 있는 것 같아

너희는 믿음 안에 있는가 너희 자신을 시험하고 너희 자신을 확증하라
예수 그리스도께서 너희 안에 계신 줄을 너희가 스스로 알지 못하느냐
그렇지 않으면 너희는 버림 받은 자니라 고후 13:5

예수님, 나는 태워 사라지고
내 안에 계신 예수님만
불꽃처럼 빛나길 원해요.

내가 늘 예수님 안에 있는지
생각나게 해주시고
예수님으로 충만하게 해주세요.
아멘!

PART 2

네가 살아가야 할
진짜 이유는 바로 나란다

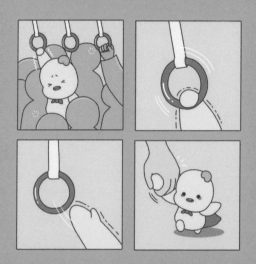

주님, 잘하고 있는 건지 이게 맞는 건지 계속 불안해요.
모든 걸 놓쳐버릴까 봐 두려워요.
"걱정 마, 내가 널 붙잡고 있잖니"

♥ 예수님의 생명의 줄 ♥

103

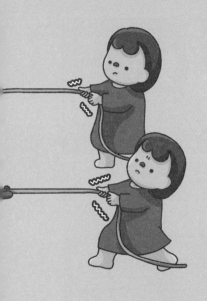

"돈이 필요하니?
내가 너에게 세상에서 얻을 수 없는
나의 보물을 줄게."

"사람들이 널 떠날까 봐 두렵니?
내가 너에게 변하지 않는
나의 사랑을 줄게."

"건강을 잃을까 봐 걱정되니?
내가 너에게 영원히 병들지 않는
나의 생명을 줄게."

어떤 상황 속에서도
나는 항상 너의 곁에 있단다. 돈, 사람, 건강…
이 모든 것보다 나의 손을 잡지 않을래?

예수님 감사합니다♥
언제나 저에게 내밀어주시는
사랑의 손을 외면하지 않고
꼭 잡을게요.

♥ 예수님께 붙어 있는 삶 ♥

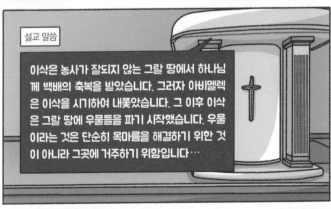

이삭은 농사가 잘되지 않는 그랄 땅에서 하나님께 백배의 축복을 받았습니다. 그러자 아비멜렉은 이삭을 시기하여 내쫓았습니다. 그 이후 이삭은 그랄 땅에 우물들을 파기 시작했습니다. 우물이라는 것은 단순히 목마름을 해결하기 위한 것이 아니라 그곳에 거주하기 위함입니다…

오~ 이삭 대박!
백배의 축복이면 정말 부자였겠는데?

107

잠시 후

이삭은 그렇게 르호봇이 아닌 브엘세바에 거주하게 되었습니다. 할렐루야~

엥? 왜 이삭은 브엘세바에 간 거지? 딴생각하느라 못 들었네…

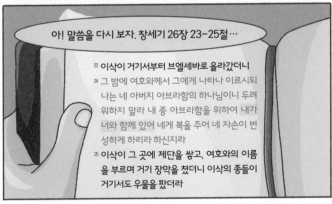

아! 말씀을 다시 보자. 창세기 26장 23-25절…

23 이삭이 거기서부터 브엘세바로 올라갔더니

24 그 밤에 여호와께서 그에게 나타나 이르시되 나는 네 아버지 아브라함의 하나님이니 두려워하지 말라 내 종 아브라함을 위하여 내가 너와 함께 있어 네게 복을 주어 네 자손이 번성하게 하리라 하신지라

25 이삭이 그 곳에 제단을 쌓고, 여호와의 이름을 부르며 거기 장막을 쳤더니 이삭의 종들이 거기서도 우물을 팠더라

그러고 보니 브엘세바에서만 하나님이 나타나셨네?

맞아. 가장 중요한 건 우물이 있는 곳이 아니라
하나님이 함께 있는 곳이야.

아무리 많은 우물을 판다 한들
하나님이 원하시지 않는다면
그 우물은 우리에게 헛된 우물일 거야.

우리의 힘으로 얻은 복은 잠시 잠깐이지만
하나님 안에서 은혜로 얻은 축복은 영원할 거야.

주님이 내게 있기를 원하시는 곳,
바로 예수님 안에서
저절로 열매 맺는 삶을 살아야지.

♥ 예수님을 구하는 기도 ♥

요요현상이 와서 다시 운동하는 것처럼 문제가 해결되면 기도도 끝났다가 다른 문제나 원하는 게 생기면 다시 막 기도하던데?

기도만이살길

네가 기도해서가 아니라 우연히 문제가 해결된 게 아닐까?

암튼 난 약속이 있어서 먼저 간다!

응, 잘 가…

추一욱

헛둘 헛둘

급늙음

나는 왜 기도하는 거지?

하나님은 기도가 이렇게 힘든데 왜 하라고 말씀하신 거지?

기도는 뭘까?

예수님 도와주세요…

진정한 기도는
문제 해결이 아니라 예수님을 구하는 거야.

문제가 해결되는 것보다
문제 속에서 예수님이 원하시는 것이
무엇인지를 아는것이 중요해.

기도는 생명과 같아.
기도하지 않으면 내 안의 예수님이 죽고
기도하면 내 안의 예수님이 살아 계셔.

기도의 생명은
예수님의 뜻을 묻고
예수님의 마음을 알고
예수님이 원하시는 것이
무엇인지를 아는 것이지.

♥ 예수님을 믿는 이유 ♥

♥ 선택의 기준이 되시는 예수님 ♥

129

태초에 인간은 '하나님'의 기준으로 생각하고 선택했지만
죄를 범하고 난 후에 '내'가 기준이 되어버렸어.
내 마음대로 인생을 살며 항상 선택에 대한 두려움과
잘못된 선택으로 인한 대가를 치러왔지.

하지만 예수님 안에 있는 우리는
'내 소견에 옳은 대로'가 아닌
'하나님이 보시기에 좋은 대로' 선택해야 해.

하나님이 우리에게 자유를 주신 것은
'너의 인생을 네 마음대로 살라'라는 뜻이 아니야.
내가 너를 사랑해서 선택한 것처럼,
내가 사랑하는 것을 선택해달라는 뜻인지도 몰라.

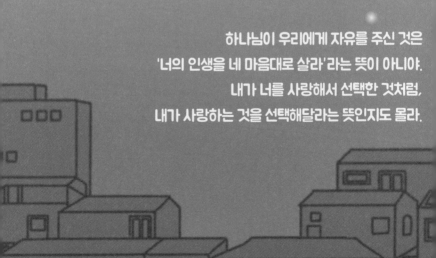

♥ 인도하시는 예수님 ♥

133

너는 일어나 그 땅을 종과 횡으로
두루 다녀보라 내가 그것을 네게 주리라
창 13:1
내가 무엇을 선택하든 그건 중요하지 않았어. 그 선택에 하나님이 있는지 없는지가 더 중요했지!
하나님 없는 부귀영화가 무슨 의미 있겠니? 주님이 함께하신다면 우리가 잘못된 길을 선택할지라도 하나님이 우리를 올바른 길로 인도하실 거야."
아… 맞아요! 제가 중요한 걸 놓치고 있었네요.

♥ 예수님의 뜻 ♥

난 늘 '내가' 계획을 세웠고
'내가' 한다고 생각했어.
하지만 모든 계획과 뜻은
내가 아닌 '예수님'에게 있는 거야.

할 마음을 주신 분이 예수님이시고
뜻을 이루도록 도와주시는 분도 예수님이시고
그 끝에 영광 받으실 분도 예수님이셔.

...BY JESUS...

너희 안에서 행하시는 이는 하나님이시니
자기의 기쁘신 뜻을 위하여
너희에게 소원을 두고 행하게 하시나니
빌 2:13

♥ 승리자이신 예수님 ♥

예수님도 미래를 아셨다면 좋았을 텐데…

응? 예수님?

네가 저번에 선물해준 성경 한번 봤어.

근데 예수님이 대단하기는커녕 불쌍하고 실패한 사람 같더라~

엥?! 무슨 말도 안 되는 소리야?

여기 이 말씀 좀 봐봐.

마태복음 21장

7 나귀와 나귀 새끼를 끌고 와서 자기들의 겉옷을 그 위에 얹으매 예수께서 그 위에 타시니

8 무리의 대다수는 그들의 겉옷을 길에 펴고 다른 이들은 나뭇가지를 베어 길에 펴고

9 앞에서 가고 뒤에서 따르는 무리가 소리 높여 이르되 호산나 다윗의 자손이여 찬송하리로다 주의 이름으로 오시는 이여 가장 높은 곳에서는 호산나 하더라

예수님이 예루살렘 성에 입성하실 때 많은 사람이 경배하는 모습인데, 이게 왜?

앞으로 자신에게 벌어질 일도 모른 채 기뻐하고 있잖아. 수많은 고난과 수치를 당하고 결국 십자가에 처형될 텐데.

쯧쯧

많은 사람이 가는 넓은 길이 아닌

편하고 빠른 길도 아닌

좁고 불편하며 느릴지라도

주님이 함께 가시는
그 길

♥ 예수님의 시험 ♥

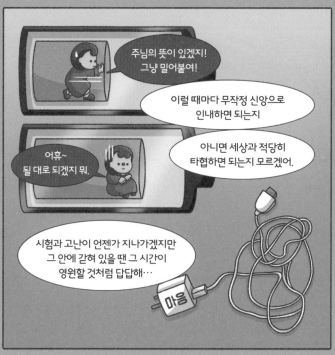

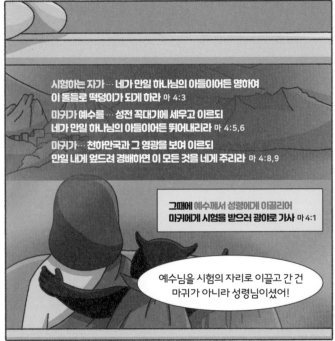

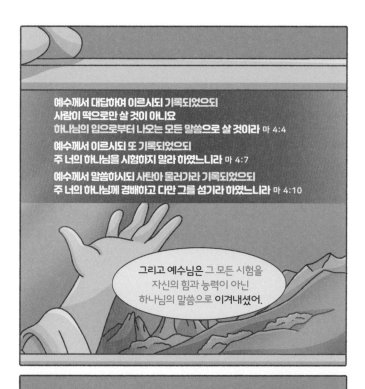

예수께서 대답하여 이르시되 기록되었으되
사람이 떡으로만 살 것이 아니요
하나님의 입으로부터 나오는 모든 말씀으로 살 것이라 마 4:4

예수께서 이르시되 또 기록되었으되
주 너의 하나님을 시험하지 말라 하였느니라 마 4:7

예수께서 말씀하시되 사탄아 물러가라 기록되었으되
주 너의 하나님께 경배하고 다만 그를 섬기라 하였느니라 마 4:10

그리고 예수님은 그 모든 시험을
자신의 힘과 능력이 아닌
하나님의 말씀으로 **이겨내셨어.**

이겨낼 능력이 없으신 분도
아닌데 왜 예수님은 자신의 힘으로
이기지 않으신 거야?

깨똑

깨똑

브라우니

하나님의 말씀으로 이기는 모습을 우리에
게 보여주시는 게 아닐까? "시험과 고난은
너희가 이길 수 없지만 내가 그랬듯이 너희
도 내 이름으로 모든 걸 이길 수 있어. 잊지
말렴. 너희도 나처럼 할 수 있단다" 이렇게
예수님이 말씀하시는 건지도 몰라.

이것을 너희에게 이르는 것은

너희로 내 안에서 평안을 누리게 하려 함이라

세상에서는 너희가 환난을 당하나

담대하라 내가 세상을 이기었노라

요 16:33

♥ 걸림돌이 되시는 예수님 ♥

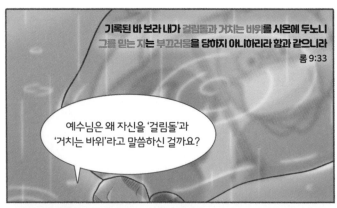

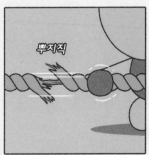

♥ 심령이 가난한 자 ♥

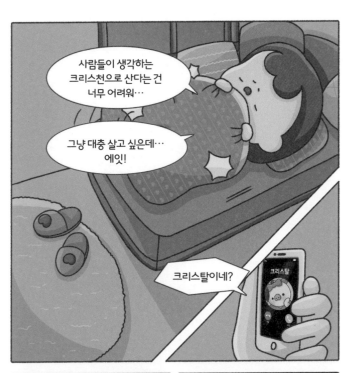

예수님 시대 때 바리새인과 세리가 있었는데, 바리새인은 신앙적으로 독실하고 성경과 율법에 능통해서 많은 사람에게 존경을 받았대.

바리새인!

반면 세리는 유대 사회에서 반역자로 낙인찍혀 사람들 앞에서 고개도 제대로 들지 못하는 존재였어.

세리

근데 예수님은 바리새인을 '독사의 자식'이라며 멀리하시고 세리를 가까이하셨지.

엥? 그래도 세리보단 바리새인이지! 바리새인은 기독교인의 정석이잖아!!

벌떡

만약 내가 바리새인처럼 완벽해보이는 기독교인이라면 나도 당당하게 드러냈을 거야.

그게 바로 예수님이 "심령이 가난한 자는 복이 있나니"(마 5:3)라고 말씀하신 이유래!

의미심장

???

오잉? 그게 무슨 말이야?

바리새인은 이스라엘이 로마의 통치를 받게 된 이유가 '하나님의 말씀대로 살지 않아서'라고 생각했대.

그들은 말씀을 지키고 거룩한 삶을 사는 것이 해결 방법이라 믿었어.

우리가 로마의 통치에서 벗어나기 위해서는 하나님을 믿는 사람답게 말씀대로 살아야 합니다! 율법을 지킵시다! 기도에 힘씁시다!

그래서 바리새인은 자신의 부유함으로
세리와 창녀를 판단하고 정죄하기 시작했지.

성실

의
거룩

착함

몫이
기준

그러고 보니 나도
바리새인과 다를 바 없네.

'교회는 이래야 해',
'예수 믿는 사람은 이래야지'라고
나만의 규칙을 세우며 판단했거든.

♥ 알곡 되게 하시는 예수님 ♥

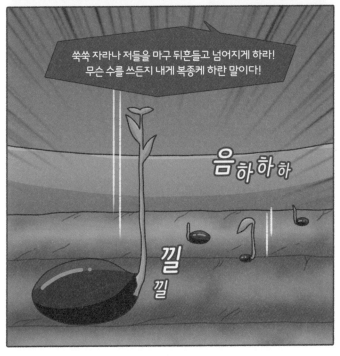

갈수록 눈치 보이고 예수님 믿는 사실을 숨기고 싶어요.

몽이야! 잠깐만!!!

와다다다

저들은 사탄이 뿌려둔 가라지야! 가라지의 그럴듯한 말에 넘어가지 말고 예수님의 말씀에 집중하자.

찹

집 주인의 종들이 와서 말하되 주여 밭에 좋은 씨를 뿌리지 아니하였나이까 그런데 가라지가 어디서 생겼나이까 주인이 이르되 원수가 이렇게 하였구나 종들이 말하되 그러면 우리가 가서 이것을 뽑기를 원하시나이까 마 13:27,28

그래, 좋은 씨를 괴롭히는 가라지는 확 뽑아버려야지!

몽이야, 예수님은 그렇게 말씀하지 않아.

PART 3

네 안에
언제나 내가 있단다

아무리 바라보아도 난 내가 정말 싫어.
하지만 괜찮아. 주님이 날 사랑하잖아.
그러니까 나도 날 사랑할래.

♥ 예수님으로부터 오는 자존감 ♥

♥ 사랑의 주체이신 예수님 ♥

하나님은 왜 이렇게 불가능한 사랑에 대해 말씀하신 거야?

그나저나 땅이는 쿨한 척하더니 이별 후폭풍 몰려오나 보네. 아주 난리 났네.

여전히 내 안에 너 있다

땅이

가만… 땅이 안에 전여친이 있다면 내 안에는 예수님이 있지?

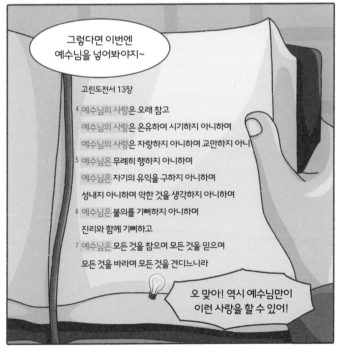

그렇다면 이번엔 예수님을 넣어봐야지~

고린도전서 13장

4 예수님의 사랑은 오래 참고

예수님의 사랑은 온유하며 시기하지 아니하며

예수님의 사랑은 자랑하지 아니하며 교만하지 아니

5 예수님은 무례히 행하지 아니하며

예수님은 자기의 유익을 구하지 아니하며

성내지 아니하며 악한 것을 생각하지 아니하며

6 예수님은 불의를 기뻐하지 아니하며

진리와 함께 기뻐하고

7 예수님은 모든 것을 참으며 모든 것을 믿으며

모든 것을 바라며 모든 것을 견디느니라

오 맞아! 역시 예수님만이 이런 사랑을 할 수 있어!

BY JESUS

나는 사랑할 수 없지만
내 안에 계신 예수님이
사랑할 수 있도록 힘을 주실 거야.
사랑의 주체는 '내'가 아니라
바로 '예수님'인 거야.

예수님으로 자신을 사랑하고
예수님으로 친구를 사랑하고
예수님으로 가족을 사랑하고
예수님으로 교회를 사랑해야 해.

우리의 사랑은 때때로 변하고 영원할 수 없지만
예수님에게서 나오는 사랑은 끊을 수 없는 영원한 사랑일 거야.

♥ 예수님만으로 만족한 삶 ♥

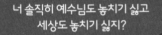

너 솔직히 예수님도 놓치기 싫고
세상도 놓치기 싫지?

예수님 한 분만으로 만족해~^^

너도 좋은 스펙, 좋은 배우자, 좋은 직장,
더 새롭고 좋은 걸 찾아 채우면서 만족하잖아.

손해 안 보려고 챙길 거
다 쌓아두면서
대체 뭐가 예수님만으로
만족한다는 거야?

♥ 예수님의 공감 ♥

사람의 공감은 한계가 있는 것 같아. 겉으로 보이는 모습을 보고 공감해주는 거잖아.

질투 시기 가식 열등감 이기적임 치사함

뽀각

깊이 숨겨둔 내 부끄러운 모습에도 공감해줄 사람이 있을까…?

어디 있긴?! 여기 이찌~)_(

어? 크리스탈~ 너는 나의 어떤 모습도 받아줄꼬지? 그치?

친구 가족 연인

부담

무… 물론 그렇겠지만…

저기 저 사람 좀 봐봐!

사마리아

사마리아에 사는 여자잖아?

♥ 믿음의 주체이신 예수님 ♥

빤

히

하나님의 말씀은
거울이라던데…

나는 왜 말씀대로 살지 못할까?
왜 이렇게 믿음이 없지?

베드로의 믿음은 진짜 대단해!
순종을 잘하니까 베드로에게
이런 놀라운 역사가 일어났잖아~

누가복음 5장

5 시몬이 대답하여 이르되 선생님 우리들이 밤이
새도록 수고하였으되 잡은 것이 없지마는 말씀에
의지하여 내가 그물을 내리리이다 하고

6 그렇게 하니 고기를 잡은 것이 심히 많아 그물이
찢어지는지라

7 이에 다른 배에 있는 동무들에게 손짓하여 와서
도와 달라 하니 그들이 와서 두 배에 채우매 잠기
게 되었더라

ZZZ

그래! 내일부터 나도 베드로처럼
믿음으로 살아야… ZZZ

다음 날

으아~ 잘 잤다!
오늘부터 믿음으로
그물을 던져보자!!

주여 믿습니다! 아멘!!

잠깐만... 이게 진짜 될까?
난 자신 없는데…

망했어. 역시 난 안 돼…
베드로처럼 놀라운 일이 나에게
벌어질 리가 없지.

199

밤이 새도록 자신의 경험과 노하우로 그물을 던졌지만
잡은 것이 없어 낙심하는 베드로에게 예수님은 말씀하셨어.

"베드로야, 육지에서 배를 조금 떼어주겠니?"

예수님이 말씀하실 때 베드로는 옆에서 들었어. 엄마의 따뜻한
말과 손길로 화초가 점점 살아난 것처럼 베드로의 믿음도 점점
살아나기 시작했지. 예수님이 "깊은 데에 가서 그물을 내려 고
기를 잡으라"라고 하셨을 때 그는 말했어.

"선생님 말씀에 의지하여 내가 그물을 내리리이다."

그래! 진정한 믿음은
수많은 물고기를 잡은 표적을 보는 것이 아니라
그 표적 속에 나타나시는 예수님을 보는 거야.

우리 삶 속의 성공과 실패 이 모든 것에서도
예수님을 발견하는 믿음을 갖자.

기쁨 슬픔 축복 고난

여수님

많은 물고기를
잡는 축복이 아닌
예수님을 발견하는
믿음!

♥ 예수님을 잃어버리는 두려움 ♥

우리가 미리 걱정하고 두려워하는 것도 문제지만

주님이 없는 것처럼 나 혼자서 끙끙거리다 "에라 모르겠다! 주님 알아서 하세요" 하는 것도 문제 아닐까?

· · · · · · · · · · 그렇네?

네 말이 맞아. 어휴~ 난 왜 이렇게 믿음이 없지?

긁적

나도 마찬가지인데 뭘… 그리고 예수님의 제자들도 그랬었잖아!

♥ 예수님의 얼굴 ♥

혹시 예수님이
나를 짝사랑하고 계신 건
아닌지 생각해봤어.

고작 인간의 짝사랑도 이런데
예수님의 마음은 어떨까?

어쩌면 우리가 밝은 표정일 때
주님도 흐뭇한 미소로 우리를 바라보시고,
우리가 어두운 표정일 때
주님도 안타까운 탄식으로 우리를 바라보실지 몰라.

우리는 예수님이 원하시는 얼굴로 주님을 바라보고 있을까?
우리는 예수님이 원하시는 마음으로 예배드리고 있을까?

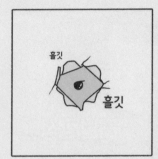

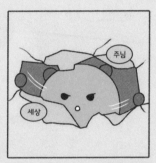

♥ 시간의 주관자이신 예수님 ♥

구질구질한 인생 말고
꽃길… 걷고 싶다.

왜 나만 이런 시간을
겪어야 하지? 휴~

몽이야~
너만 그런 게 아니야.

엥 브라우니?
다 듣고 계셨어요?

브라우니의 삶도 우여곡절이 많았어요?

고럼~ 하나님 앞에서 맨날 질질 짜고
내 인생은 왜 이런지 원망도 많이 했지.
근데 그게 다 하나님의 시간이더라고.

하나님의 시간… 이요?

??

213

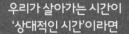

우리가 살아가는 시간이
'상대적인 시간'이라면

하나님의 시간은
'절대적인 시간'이라고
말할 수 있어.

흠… 브라우니, 너무 어려워요.
좀 더 쉽게 얘기해주세요~

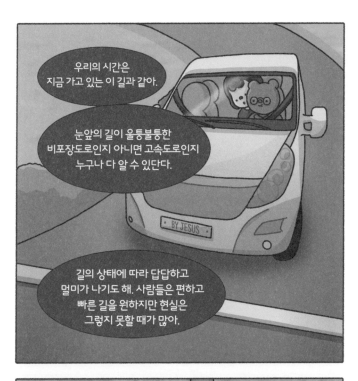

우리의 시간은 지금 가고 있는 이 길과 같아.

눈앞의 길이 울퉁불퉁한 비포장도로인지 아니면 고속도로인지 누구나 다 알 수 있단다.

길의 상태에 따라 답답하고 멀미가 나기도 해. 사람들은 편하고 빠른 길을 원하지만 현실은 그렇지 못할 때가 많아.

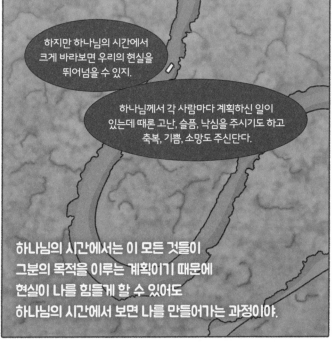

하지만 하나님의 시간에서 크게 바라보면 우리의 현실을 뛰어넘을 수 있지.

하나님께서 각 사람마다 계획하신 일이 있는데 때론 고난, 슬픔, 낙심을 주시기도 하고 축복, 기쁨, 소망도 주신단다.

하나님의 시간에서는 이 모든 것들이 그분의 목적을 이루는 계획이기 때문에 현실이 나를 힘들게 할 수 있어도 하나님의 시간에서 보면 나를 만들어가는 과정이야.

♥ 예수님의 기다림 ♥

잘했어! 그냥 적당히 믿어~
네 마음에 더 많은 돌이
생기기 전에.

근데 그게 끝이 아니었어.
예수님의 말씀이 놀라운 사실을
깨닫게 해주었지.

혼인 잔치가 한창이던 집에
포도주가 갑자기 떨어진 거야.
마리아는 그 사실을 예수님께 말씀드렸어.

Q 요한복음 2장

4 예수께서 이르시되 여
자여 나와 무슨 상관이
있나이까 내 때가 아직
이르지 아니하였나이다

5 그의 어머니가 하인들
에게 이르되 너희에게
무슨 말씀을 하시든지
그대로 하라 하니라

헐··· 신랑과 신부 멘붕이었겠다!
근데 예수님은 상관없다고 내 때가
아니라고 하시네? 좀 너무하신 듯?

♥ 애통하는 자 ♥

음… 근데 말이야

누구나 그렇듯이
나도 안 괜찮은 날이 있어.

아무나 붙잡고
엉엉 울고 싶은 그런 날 있잖아.

누군가에게
속마음을 털어놓고
위로를 받고 싶었지.

하지만 어쩔 줄 몰라 하는
상대방의 모습에 괜히
내가 미안해지고.

상대방의 진심 어린 위로에도
또다시 힘들어지는 내가 답답해.

언제까지 나약하게 굴래?
너만 힘든 거 아니야.

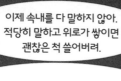

이제 속내를 다 말하지 않아.
적당히 말하고 위로가 쌓이면
괜찮은 척 쓸어버려.

상대방의 아픔에도 무덤덤해진 것 같아.
같이 조금 슬퍼하다가 몇 마디 해주는 거지 뭐.

너무 걱정하지마

시간이 해결해줄 거야

다들 그렇게 살아

괜찮아

괜찮아

정말 이대로 괜찮은 걸까?

괜찮다는 말로 점점
이렇게 메말라가는 건
아닐까?!

울컥

그래…! 하나도 안 괜찮아!!

주님… 저 안 괜찮아요!!
다 아시잖아요.
제가 어떤지… 으헝~

흑흑… 근데 저건 뭐지?

**애통하는 자는 복이 있나니
그들이 위로를 받을 것임이요**
마 5:4

애통하는 자는 복이 있다고?
슬프고 힘든 게 복이라는 거야?

가만… 애통하면 위로를 받는다?
맞아! 예수님에게 위로받기
때문에 복인가봐~

생각해보니 사람에게
하소연할 때보다 주님에게
애통하며 울부짖었을 때
받은 위로가 더 놀라웠어.

애통은 때론 나를
힘들고 아프게 하지만
예수님이 나를 부르시는
또 하나의 방법인지도 몰라.

♥ 예수님은 나의 배필 ♥

229

에이~ 왕자님을 바라진 않지.

그럼 어떤 사람을 원하는 건데?

나야 크리스천이니까 상대방도 믿음이 있으면 좋겠지?

그리고 마음이 넓어서 잘 이해해주는 사람이면 좋겠어. 이왕이면 돈은 안정적으로 벌고 집은 너무 가난하지 않았으면 좋겠네. 외모는 키가 좀 크고 어깨도 넓었으면 좋겠다. 막상 말하니까 진짜 한둘이 아니네.

너도 나랑 큰 차이 없구나?

231

서로 사랑에 빠진 순간에는
모든 것이 다 좋아 보였어.

하지만 시간이 지날수록
서로 많이 다르다는 것을 알게 되었어.

티라미슈와 나는 서로 이해하고 배려하며
조금씩 맞춰가려고 노력했어.
하지만 우리의 노력으로는 한계가 있었지.
그러다 가장 중요한 사실을 깨달았어.

바로 하나님께 이 일을 놓고 물은 적이 없었다는 거야!
우리는 가장 솔직한 마음으로 하나님께 기도하기 시작했어.
하나님은 우리의 이기적인 마음들을 사랑으로 변화시켜주셨지.

"내가 너희를 하나로 만들어가는 중이란다."

엥? 정말요?!
두 분 사이가 항상
좋아 보이셔서 다툼도
없는 줄 알았어요!

아야

에이~ 세상에 그런 커플이 어디 있니?

이렇게 되기까지
참 오랜 시간이 걸렸지~
물론 지금도 가끔
티격태격하지만.

진정한 돕는 배필은 돈 벌고 육아, 집안일을 돕는
관계보다 갈등과 다툼, 배려와 사랑 이 모든 일들 속에
서로 하나님의 형상을 회복하는 관계인 것 같아.

브라우니 ♡ 티라미슈

난 아직 하나님은
잘 모르지만 '돕는 배필'이라는
말 되게 멋있다…

말이못

235

♥ 진정한 보물이신 예수님 ♥

다람쥐는 겨울잠을
자기 전 많은 도토리를
땅속에 숨겨둬.

근데 기억력이 좋지 않아서
도토리를 어디 뒀는지 자주 까먹는대!

엥? 그럼 그게
다 무슨 소용이에요?

여기에 놀라운 비밀이 있어!

♥ 영생이신 예수님 ♥

내 인생의 퍼즐 한 조각을 얻기 위해
얼마나 애쓰며 살고 있는데…

왜 나의 퍼즐은 계속 맞춰지지 않는 걸까?

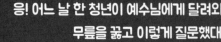 응! 어느 날 한 청년이 예수님에게 달려와
무릎을 꿇고 이렇게 질문했대.

선한 선생님이여.
내가 무엇을 하여야
영생을 얻으리이까?

네가 계명을 아나니 살인하지 말라,
거짓 증언하지 말라, 속여 빼앗지 말라,
네 부모를 공경하라 하였느니라.

선생님이여,
이것은 내가 어려서부터
다 지켰나이다.

헐… 계명을 어려서부터 다 지켰다니
정말 하나님을 사랑했나 봐!

맞아~ 예수님도 그 청년을 보시고 사랑하사 말씀하셨어.

네게 한 가지 부족한 것이 있으니 가서
네게 있는 것을 다 팔아 가난한 자들에게 주라.
그리하면 하늘에서 보화가 네게 있으리라.
그리고 와서 나를 따르라.

내게 있는 것을 다 팔아서
가난한 자들에게 주라고?!

그게 말이 돼?
어휴… 난 절대 못 해.

으… 난 부자 청년 마음이 너무 이해가.

솔직히 가지고 있는 걸 다 파는 일이 얼마나 어렵겠어. 꼭 그렇게까지 해야 해?

몽이야~ 재물을 팔고 말고가 중요한 게 아닌 것 같아!

몽이

21 예수께서 그를 보시고 사랑하사 이르시되 네게 아직도 한 가지 부족한 것이 있으니 가서 네게 있는 것을 다 팔아 가난한 자들에게 주라 그리하면 하늘에서 보화가 네게 있으리라 그리고 와서 나를 따르라 하시니

그보다 중요한 건 "나를 따르라"는 예수님의 말씀이야!

예수님이 진짜 원하시는 건 주님을 따르는 삶이었구나~

때론 우리가 사랑하는 것이 예수님을 따르는 일에 방해가 될 수 있어.

돈 명예 사람

맞아! 그래서 예수님은 우리가 내려놓길 원하시는 거야.

세상이 줄 수 없는 '영생'이라는
선물을 주시기 위한 예수님의 사랑이지.

'영생'으로 인한 박해와 어려움은
주님이 책임져주실 거야.

에필로그

주님께서 몽땅하셨습니다!

신앙생활을 몇 년 동안 했는지,
어떻게 예수님을 믿게 되었는지,
얼마나 많은 사역을 담당했는지,
나의 직분이 무엇인지...
이 모든 것은 예수님보다 중요하지 않다.

우리의 처음도, 우리의 끝도
몽땅 다 예수님으로 말미암은 것이니.

'내가 원하는 예수님'이 아닌
'예수님이 원하시는 내'가 되길 원한다.

주님 앞에 서게 될 그 날,
우리 마음의 중심으로부터
"예수님께서 몽땅하셨습니다!!!"라는 고백이 나온다면

우리는 주의 책에 기록되고
예수님께서 기억하는 한 사람이 될 것이다.

나의 유리함을 주께서 계수하셨사오니
나의 눈물을 주의 병에 담으소서
이것이 주의 책에 기록되지 아니하였나이까
시 56:8

몽땅 드림

초판 1쇄 발행   2022년 1월 12일
초판 3쇄 발행   2023년 6월 5일

지은이   굿시아

펴낸이   여진구
책임편집   이영주
편집   박소영 최현수 안수경 김도연 김아진 정아혜
책임디자인   조은혜 마영애 | 노지현 이하은
홍보 · 외서   진효지
마케팅   김상순 강성민   마케팅지원   최영배 정나영
제작   조영석   경영지원   김혜경 김경희 이지수

303비전성경암송학교 유니게 과정   박정숙
이슬비전도학교 / 303비전성경암송학교 / 303비전꿈나무장학회

펴낸곳   규장

주소   06770 서울시 서초구 매헌로 16길 20(양재2동) 규장선교센터
전화   02)578-0003   팩스   02)578-7332
이메일   kyujang0691@gmail.com   홈페이지   www.kyujang.com
페이스북   facebook.com/kyujangbook   인스타그램   instagram.com/kyujang_com
카카오스토리   story.kakao.com/kyujangbook
등록일   1978.8.14. 제1-22

책값   뒤표지에 있습니다.
ISBN   979-11-6504-281-3 03230

규 | 장 | 수 | 칙

1. 기도로 기획하고 기도로 제작한다.
2. 오직 그리스도의 성품을 사모하는 독자가 원하고 필요로 하는 책만을 출판한다.
3. 한 활자 한 문장에 온 정성을 쏟는다.
4. 성실과 정확을 생명으로 삼고 일한다.
5. 긍정적이며 적극적인 신앙과 신행일치에의 안내자의 사명을 다한다.
6. 충고와 조언을 항상 감사로 경청한다.
7. 지상목표는 문서선교에 있다.

하나님을 사랑하는 자 곧 그의 뜻대로 부르심을 입은 자들에게는 모든 것이 合力하여 善을 이루느니라(롬 8:28)

규장은 문서를 통해 복음전파와 신앙교육에 주력하는 국제적 출판사들의
협의체인 복음주의출판협회(E.C.P.A:Evangelical Christian Publishers
Association)의 출판정신에 동참하는 회원(Associate Member)입니다.